Impressum
Verlag: BABADADA GmbH, Nedderfeld 112 , 22529 Hamburg
Geschäftsführer / Verlagsleitung: Harald Hof
Druck: Books on Demand GmbH, In de Tarpen 42, 22848 Norderstedt

Imprint
Publisher: BABADADA GmbH, Nedderfeld 112 , 22529 Hamburg, Germany
Managing Director / Publishing direction: Harald Hof
Print: Books on Demand GmbH, In de Tarpen 42, 22848 Norderstedt, Germany

ښوونځی

ቤት-ትምህርቲ

تقسیم
መቀለ
186/2
ክፍሊ ክላስ
د ښوونځي حویلۍ
ښوونکی
መምህር
ورق
ወረቐት
لیکل
قلم
ډیسک
ጣውላ
خط کش
መስመር
کتاب
زده کونکی
ተመሃራይ

کڅوړه

ሳንጣ ትምህርቲ

د پنسل بکسه

ሰፈር ብርዒ

پنسل

ርሳስ

پنسل تراش

መብልሒ ርሳስ

ربړ

መደምሰሲ

د رسامۍ پاڼه

ጥራዝ ስእሊ

رسامي

....

ስእሊ

د نقاشۍ برس

....

ብርዒ ቀለም

د نقاشۍ بکس

....

ቦክስ ቀለም

قیچي

....

መቐስ

سرېښ

....

መጣበቒ

د تمرین کتاب

....

ጥራዝ መላመዲ

کورنۍ دنده

....

ዕዮ ገዛ

شمیر

....

ቁጽሪ

جمع

....

ወሰኸ

منفي

....

ጎደለ

ضرب

....

ረብሐ

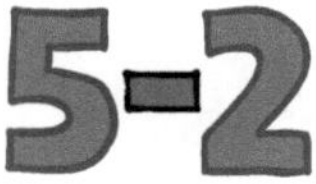

حساب

....

ደመረ

A

توری

....

ፊደል

ABCDEFG
HIJKLMN
OPQRSTU
VWXYZ

الفبا

....

ስርዓት ፊደላት

hello

کلمه

....

ቃል

متن

ጽሑፍ

لوستل

ኣንበበ

تباشير

ኩርሽ

درس

ሰዓት

راجستر

መዝገብ ክላስ

ازموینه

መርመራ

تصدیق پاڼه

ሰርቲፊከት

د ښوونځي یونیفارم

ድቢዛ ቤትትምህርቲ

تعلیم

ትምህርቲ

دایره المعارف

ለክሲኮን

پوهنتون

ዩኒቨርሲቲ

مایکروسکوپ

ሚክሮስኮፕ

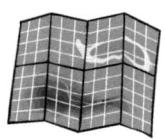

نقشه

ካርታ

اشغالدانی

ጎሓፍ ወረቐት

መገሻ

ليليه
ሆስተል
ROOMS
EXCHANGE
د اسعارو د تبادلي دفتر
ቤት ቅያር ገንዘብ
بکس
ባሊጃ
موټر
መኪና

ژبه

ቋንቋ

هو/نه

እወ / ኖ

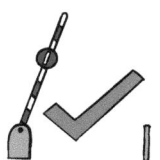

سمه ده

ሕራይ

سلام

ሰላም

ژباړونکی

ኣስተርጓሚ

مننه

የቐንየለይ

څومره دي...؟
....
. . . ክንደይ ዋግኡ?

زه نه پوهیږم
....
ኣይተረድኣኹን

ستونزه
....
ሽግር

ماښام مو پخیر!
....
ሰላም ምሸት!

سهار په خیر!
....
ከመይ ሓዲርካ

شپه په خیر!
....
ሰላም ለይቲ

په مخه مو ښه
....
ደሓን ኩን

لارښود
....
ኣንፈት

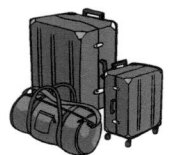

سامان
....
ጉዓዝ

بیک
....
ሳንጣ

شاتنی بکس
....
ሳንጣ ሕቖ

میلمه
....
ጋሻ

خونه
....
ክፍሊ

د خوب کڅوړه
....
ክሻ መደቐሲ

خیمه
....
ቴንዳ

د توریزم معلومات

....

ሓበሬታ በጻሕቲ ሃገር

ساحل

....

ገምገም ባሕሪ

کریدیټ کارت

....

ክረዲት ካርድ

ناری

....

ቁርሲ

د غرمي خواړه

....

ምሳሕ

د شپې خواړه

....

ድራር

ټیکټ

....

ቲከት

لفټ

....

ሊፍት

مهر

....

ማሕተም ደብዳበ

پوله

....

ዶብ

ګمرک

....

ድንና

سفارت

....

ኣምበሲ

ویزه

....

ቪዛ

پاسپورټ

....

ፓስፖርት

መጓዓዝያ

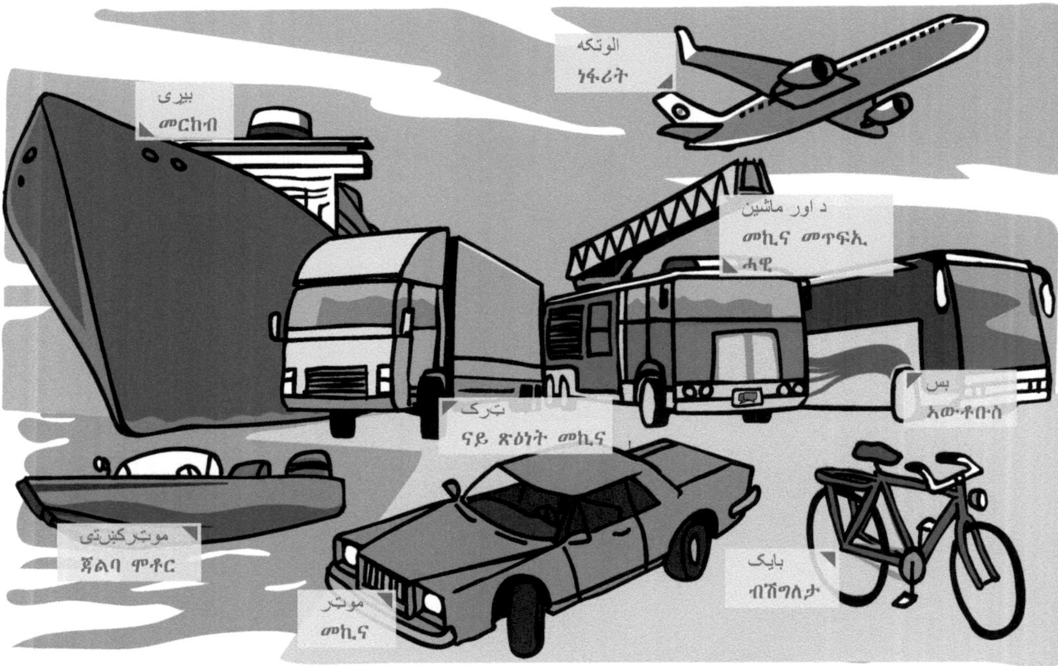
الوتکه
ነፋሪት
بېړۍ
መርከብ
د اور ماشین
መኪና መጥፍኢ ሓዊ
بس
ኣውቶቡስ
ټرک
ናይ ጽዕነት መኪና
موټرکښتۍ
ጀልባ ሞቶር
بایک
ብሽግለታ
موټر
መኪና

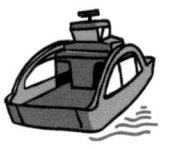

کښتۍ

ፈሪ

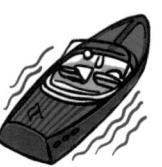

کښتۍ

ጀልባ

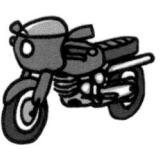

موټرسایکل

ሞቶ

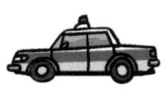

د پولیسو موټر

መኪና ፖሊስ

د ریس موټر

መኪና ቅድድም

کرایي موټر

ክራይ መኪና

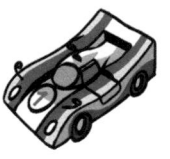

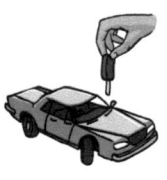

د کرایه موټري

ምውፋይ መካይን

جرثقیل لرونکی ټرک

መወሰዲ መኪና

ریفیوز ټرک

መኪና ጎሓፍ

موټر

ሞቶር

سونک توکي

ነዳዲ

پټرول سټیشن

እንዳ ነዳዲ

ترافیکي نښه

ምልክት ትራፊክ

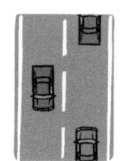

ترافیک

ትራፊክ

جام ترافیک

ምጭቕጫቕ ትራፊክ

د موټرو تمځای

መዕሸጊ መኪና

د ریل سټیشن

መዕረፊ ባቡር

پټکي

ሓዲግ

ریل

ባቡር

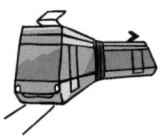

ټرام

ትረም

واګون

ባጎኒ

چورلکه

ሄሊኮፕተር

هوايي ډګر

መዓረፎ ነፈርቲ

برج

ታወር

مسافر

ተጓዓዚ

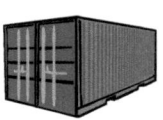

کانټېنر

ኮንተይነር

کارتون

ሳንዱቕ ካርቶን

کارت

ኮርሳ ጽዕነት

ټوکرۍ

ዘንቢል

الوتنه کول/کښېناستل

ተበገሰ / ዓለበ

ښار

ከተማ

کلی

ቀኣሸት

د ښار مرکز

ማእከል ከተማ

کور

ገዛ

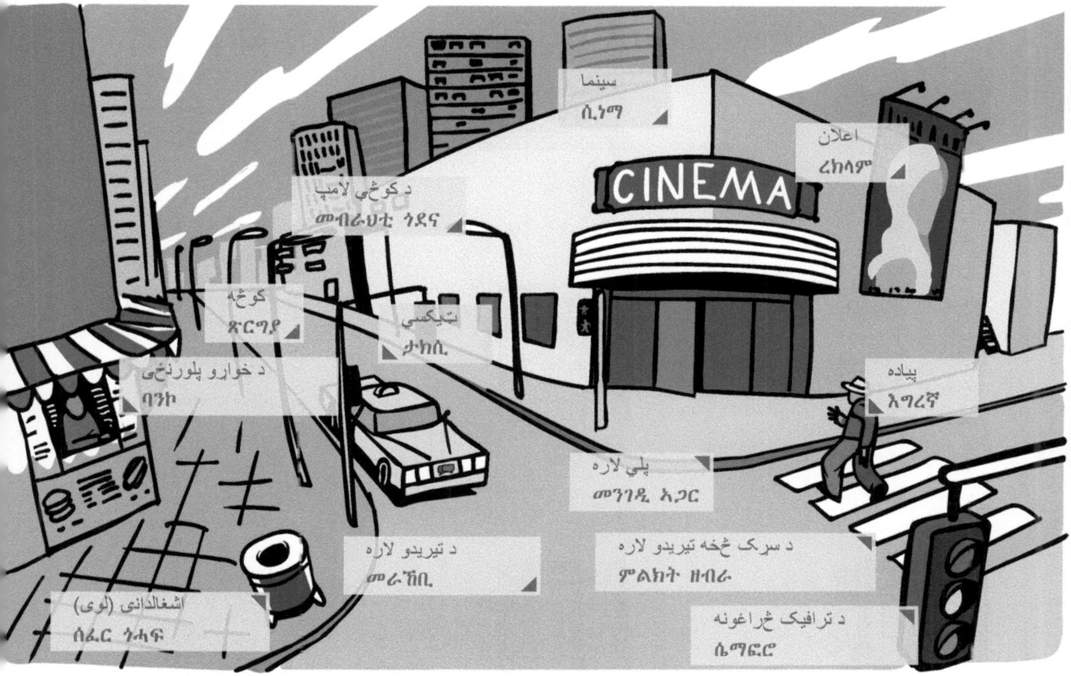

CINEMA

سینما / ሲኒማ

اعلان / ሪክላም

د کوڅې لامپ / መብራ-ህቲ ጎደና

کوڅه / ጽርግያ

د خوارو پلورنځی / ባንኩ

ټیکسي / ታክሲ

پیاده / እግረኛ

پلی لاره / መንገዲ ኣጋር

د تیریدو لاره / መራኸቢ

د سرک څخه تیریدو لاره / ምልክት ዘብራ

اشغالدانی (لوی) / ስፌር ጉሓፍ

د ترافیک څراغونه / ሴማፍር

کوڅله

ኣጉዶ

اپارتمان

ኣፓርትመንት

د ریل ستیشن

መዕረፊ ባቡር

ټاون هال

ቤት ምምሕዳር

میوزیم

ቤተ መዘክር

ښوونخی

ቤት-ትምህርቲ

پوهنتون

ዩኒቨርሲቲ

بانک

ባንክ

روغتون

ሆስፒታል

هوټل

መቐበሊ ኣጋይሽ

درملتون

ቤት መድሃኒት

دفتر

ቤት ጽሕፈት

کتاب پلورنځی

ዱካን መጽሓፍቲ

پلورنځی

ዱካን

د ګلانو پلورنځی

ዱካን ዕንባባ

لوی پلورنځی

ሱፐርማርክት

مارکیټ

ዕዳጋ

د ډیپارټمنټ سټور

ሹቕ

کب پلورنځی

ነጋዳይ ዓሳ

د پلور مرکز

ሹቕ

لنګرتون

መርሳ

پارک

መዘናግዒ

بینچ

ባንኪ

پل

ድልድል

زینه

መደያይቦ

د ځمکي لاندي

ባቡር ትሕቲ ምድሪ

تونل

ቢንቶ

بس تمځای

መዕረፊ ኣውቶቡስ

بار

ቤት መስተ

ریسټورانټ

ቤት-መግቢ

پوست بکس

ሰታሪት

د کوڅې نښه

ታቤላ

د پارک کولو میټر

ሰዓት ፓርኪንግ

ژوبڼ

መካነ እንስሳታት

د لامبو حوض

መሓምበሲ

مسجد

መስጊድ

کرونده
ቤት ሕርሻ

ناپاکي
ብከላ

هدیره
መቓብር

چرچ
ቤተክርስትያን

د لوبو ډګر
ቦታ ምጽዋት

معبد/کلیسا
ቤት መቕደስ

منظره

ስእሊ መሬት

د لاربښوونې نښه
መሕበሪ መገዲ
لاره
መገዲ
چمن
ሸኻ
کاڼی
እምኒ
ኮብላሊ
ونه
ኣግራብ
ፈለግ
واښه
ګل
ዕንባባ

دره

ስንጭሮ

غوندی

ጎቦ

ناور

ቀላይ

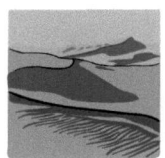

ځنګل

ዱር

دشته

ምድረ በዳ

اورشیندی

እሳተ-ጎመራ

کلا

ግምቢ

رنګین کمان

ቀስተ-ደመና

مرخیړی

ቃንጥሻ

پلم ونه

ዓርኮብኮባይ

ماشي

ጣንጡ

الوتل

ሃመማ

میږی

ጻጻ

مچی

ንህቢ

غونډل/جولا

ሳሬት

ګونګټ

....

ሕንዚዝ

چونګښه

....

ዕንቅርዖብ

نولی

....

ምጽጹላይ

زیږکی

....

ቅንፍዝ

سوی

....

ማንቲለ

ګونګ

....

ጉንጓ

مرغۍ

....

ጭሩ

قازه

....

ስዋን

نرخوک

....

መፍለስ

هوسۍ

....

ዓጋዘን

ګاوزه

....

ሙስ

بند

....

ግድብ

بادي توربين

....

ተርባይን ንፋስ

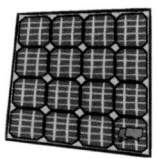

سولر تختي

....

ሶላር ስርሓት

اقليم

....

ኩነታት ኣየር

پېشخدمت
مینو
መግብታት
መንበር
سوپ
پیزا
بڼاخی، چاقو، کاشوغه
ክዳን ጣውላ

ستارټر

ቅድመ ቀንዲ መግቢ

اصلي خواړه

ቀንዲ መኣዲ

شیرني

ድሕረ መግቢ

څښاک

መስተ

خواړه

መግቢ

بوتل

ጥርሙዝ

فاسټ فوډ

ስሉጥ መግቢ

د کوڅې خواړه

መግቢ ጽርግያ

چای جوش

ብርጭቆ ሻሂ

قندانۍ

ታኒካ ሽኮር

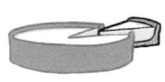

برخه

ክፋል

اسپرسو مشین

ማሺን ኤስፕረሶ

لوړه چوکۍ

ነዊሕ መንበር

رسید

ጸብጻብ

مجمه

ታብለት

چاکو

ካራ

پنجه

ፋርከታ

قاشق

ማንካ

چای قاشق

ማንካ ሻሂ

سورویت

ሰርቬየተ

ګلاس

ብኬሪ

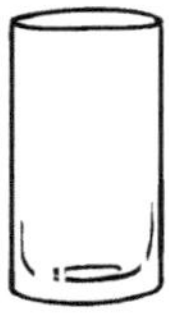

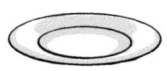

پلیټ

ሸሓኒ

د سوپ پلیټ

ሸሓኒ መረቕ

نالبکی

ትሕቲ ኩባያ

ساس

ጸብሒ

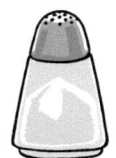

مالګه شیندونکی

ወሃቢ ጨው

د مرچ ټکولو لوخی

መጥሓን በርበረ

سرکه

ኣቸቶ

غوړي

ዘይቲ

مساله

ቀመም

کچ اپ

ከቹፕ

شرشم

ኣድሪ

چکه

ማዩኒዝ

لوی پلورنځی

ሱፐርማርክት

خانګړی وړاندیز
پیرودونکی
ዓሚል
لبنیات
میوه
ፍረታት
لاسي ګاډی
ሰረገላ ዱኳን

قصابي

እንዳ ስጋ

نانوایی

እንዳ ባኒ

وزن کول

ክብደት

سبزیجات

ኣሕምልቲ

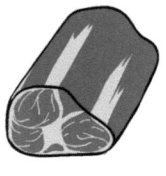

غوښه

ስጋ

کنګل خواړه

መግቢ ፍሪጅ በረድ

يخه غوښه

ዝሑል ቅሩብ መግቢ

کنسروا خواړه

እስቃጥላ

د مينځلو پوډر

ኦሞ

شيريني

ምቁር መግቢ

کورني توليدات

ዘቤታውያን ኣቕሑ

د پاکولو محصولات

ናውቲ መጸረዩ

د پلور فرد

ሸቃጣይ

د نغدي راجستر

ካሳ

صراف

ተሓዝ ገንዘብ

د پيرود ليست

ዝርዝር ምግዛእ

کاري ساعتونه

ክፉት ሰዓታት

بټوه

ማሕፉዳ

کريډيټ کارت

ክረዲት ካርድ

کڅوړه

ሳንጣ

پلاستيک کڅوړه

ፌስታል

څښاک

መስተ

اوبه

....

ማይ

جوس

....

ጽማቕ

شيده

....

ጸባ

کوک

....

ኮላ

واين

....

ነቢት

بير

....

ቢራ

الکول

....

ኣልኮል

ککاو

....

ካካው

چاى

....

ሻሂ

کافي

....

ቡን

اسپرسو

....

ኤስፕረሶ

کپچينو

....

ካፑቺኖ

خواړه

መግቢ

کیله

....

ባናና

مڼه

....

ቱፋሕ

نارنج

....

ኣራንሺ

هندواڼه

....

ብርጭቕ

لیمو

....

ለሚን

ګازره

....

ካሮት

هوږه

....

ጻዕዳ ሽጉርቲ

بانس

....

ባምቡስ

پیاز

....

ሽጉርቲ

مرخیړي

....

ቅንጥሻ

چغزی

....

ፉል

آش

....

ፓስታ

سپیګټي

ስፓገቲ

وریجي

ሩዝ

سلاد

ሰላጣ

چپس

ቅልዋ ድንሽ

سره کړي کچالو

ቅሉው ድንሽ

پیزا

ፒትሳ

همبرګر

ሃምቡርገር

سانډویچ

ፓኒኖ

کتره

ቢስተካ

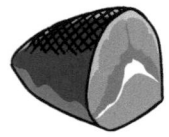

د پتون غوښه

ሰለፍ ሓሰማ

سلمي

ሳላሚ

ساسچ

ግዕዝም

چرګ

ደርሆ

روسټ

ቀለወ

کب

ዓሳ

د وربشي شيرني

ገዓት

موسلي

ሙስሊ

د جوار پلی

ኮርንፍለይክስ

اوړه

ሓርጭ

کروسانت

ክሮሶን

د ډوډۍ رول

ባኒ

ډوډۍ

ባኒ

ټوسټ

ቶስት

بسکيټ

ብሽኮቲ

کوچ

ጠስሚ

چکه

ርግኦ

کيک

ፓስተ

هګۍ

እንቋቑሖ

پښي هګۍ

ቅሉው እንቋቑሖ

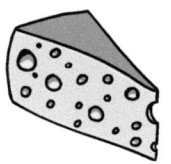

پنير

ፉርማጆ

آیس کریم

አይስ ክሪም

بوره

ሽኮር

شهد

መዓር

مربا

ጃም

نوگات کریم

ኑጋት-ክሪም

کورکمان

ኩሪ

د کروندي خونه
ቤት ሕርሻ

د بوسو کیډۍ
ሓሰር ቦንዳ

غرجل
መኽዘን

خمکه
ግራት

اس
ፈረስ

لاس ګاډۍ
ተስሓቢ

کوچنی اس
ዒሉ

ټریکټر
ትራክተር

خر
አድጊ

وری
ዕየት

پسه
በጊዕ

وزه
....
ጤል

غوا
....
ብዕራይ

خوسکی
....
ምራኽ

خوک
....
ሓሰማ

د خوک بچی
....
ውላድ ሓሰማ

غوبۍ
....
ኣርሓ

بته

ዓዓ

هیلۍ

ማይ ደርሆ

چرګوړی

ጫቑት

چرګه

ደርሆ

بانګي

ኣርሓ ደርሆ

سارای موږک

ኣንጨዋ ዓባይ

پیشک

ድሙ

موږک

ኣንጭዋ

غويی

ብዕራይ

سپی

ከልቢ

د سپي خونه

ኣጕዶ ከልቢ

د باغ هوز

ቱባ ጀርዲን

د اوبو لوخی

መዝፈፊ ማይ

لور (داس)

ዓቢ ማዕጺድ

یوی

ማሕረሻ

لور

ማዕጺድ

رمبی

ጭኽሮ

ښاخی

መስአ

تبر

ፋስ

کراچۍ

ዓረብያ ኢድ

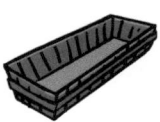

ناوه

ጋብላ

د شیدو لوخی

ብርጭቆ ጸባ

جوال

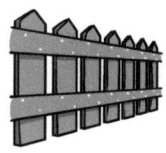

ክሻ

کټاره

ሓጹር

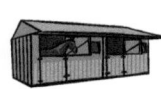

مضبوط

መጓሰስ

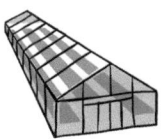

شنه خونه

ቆጠልያ ገዛ

خاوره

ባይታ

تخم

ዘርኢ

سره/کود

ድኹዒ

کډ ریبونکی ماشین

ዘጣምር ቀውዓይ

زیرمه کول

....

ቀውዐ

درمند

....

ጻማ

خوارږه کچالو

....

ድንሽ ያም

غنم

....

ስርናይ

سويا

....

ሶያ

کچالو

....

ድንሽ

جوار

....

ዕፉን

نباتي تخم

....

ራፕስ

د میوې ونه

....

ገረብ ፍረታት

مانیوک

....

ማኒኦክ

غله

....

ኣእኽል

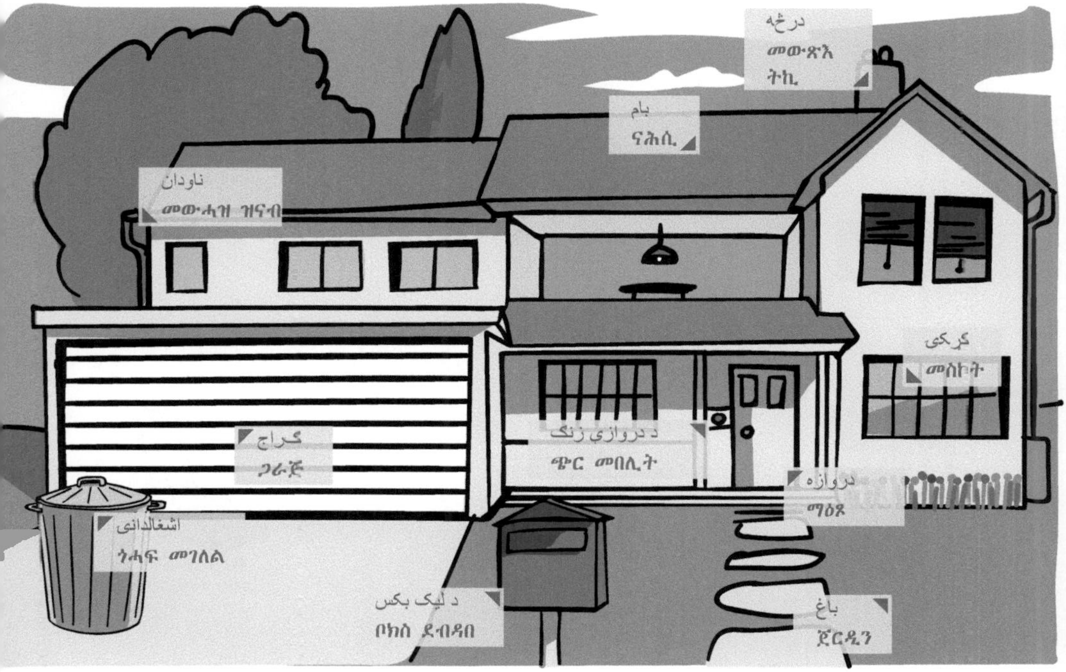

መውጽእ ትኪ
ናሕሲ
ناودان
መውሓዝ ዝናብ
መስኮት
ጋራጅ
د دروازې زنګ
ጭር መበሊት
دروازه
ማዕጾ
اشغالدانی
ጎሓፍ መገለል
د لیک بکس
ቦክስ ደብዳበ
باغ
ጀርዲን

د اوسیدو خونه
....
ክፍሊ ምቕማጥ

حمام
....
ክፍሊ ባንዮ

پخلنځی
....
ክሽነ

د ویده کیدو خونه
....
ክፍሊ መደቀሲ

د ماشوم خونه
....
ክፍሊ ቆልዑ

د خوړو خونه
....
መመገቢ ክፍሊ

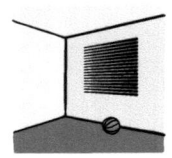

فرش

ባይታ

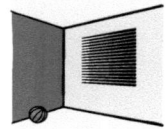

دیوال

መንደቕ

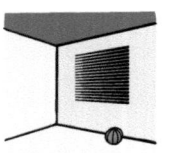

چت

ከቦርታ

زیرخانه

ካንቲና

سونا

ሳውና

بالکوني

ባልኮን

تراس

ዛላ

حوض

መሕምበሲ

د چمن وهلو ماشین

መቑረጺ ሳዕሪ

شیت

ኣንሶላ ዓራት

روجایی

ከቦርታ ዓራት

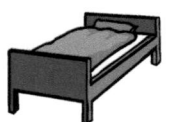

تخت

ዓራት

جارو

መኾስተር

بوکه

መገለል

سویچ

መወልዒት

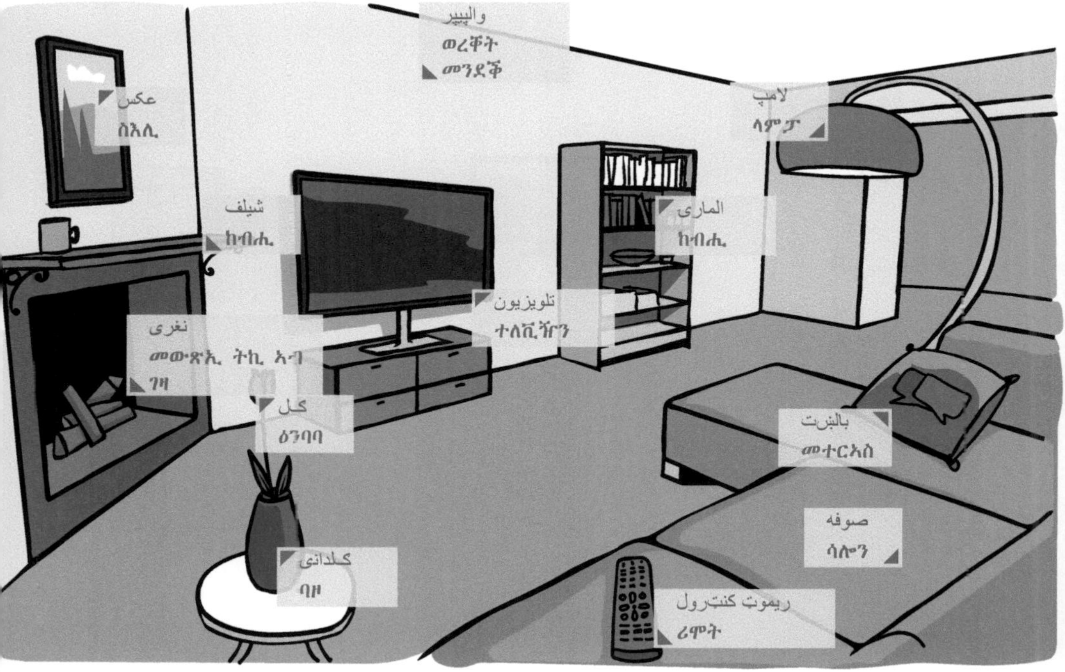

والپیپر
ወረቐት መንደቕ
عکس
ስእሊ
لامپ
شیلف
الماری
تلویزیون
ተለቪዥን
نغری
መውጽኢ ትኪ ኣብ ገዛ
ዕንባባ
صوفه
ሳሎን
ګلدانۍ
ሪሞት

غالۍ

መንጸፍ

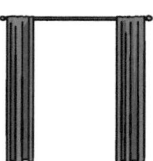

پرده

መጋረጃ

میز

ጣውላ

چوکۍ

መንበር

تاویدونکې چوکۍ

ሰለል ዝብል መንበር

بازو لرونکې چوکۍ

መንበር ምቹእ

کتاب

....

መጽሓፍ

کمپل

....

ከቦርታ

ډيکوريشن

....

ስልማት

د اور لرګي

....

እንጨይቲ ሓዊ

فلم

....

ፊልም

هايفاى

....

ስተረዮ

کلي

....

መፍትሕ

ورځپاڼه

....

ጋዜጣ

نقاشي

....

ቕብኣ

پوستر

....

ፖስተር

راډيو

....

ሬድዮ

کتابچه

....

ጥራዝ

واکيوم جارو

....

መልገሲ ደሮና

کاکتوس

....

በለስ

شمع

....

ሽምዓ

پخلنځی

ክሽነ

فریج
መዝሓሊ
مایکرو ویو اون
ሚክሮቭላ
ሚዛን ክሽነ
ቶስተር
مینځونکی
እቶን
یخچال
መዝሓሊ በረድ
اشغالدانی
ጎሓፍ መገለል
د لوخو مینځونکی

دیگ بخار

መኸሸኒ

لوخی

ድስቲ

چدني لوخی

ድስቲ ሓጺን

ووک

ቮክ/ካዳይ

د تلي په

ባደላ

چای جوش

መውዓዪ ማይ

د بخار دیګ

……………

መፍልሒ

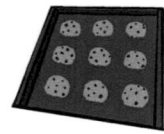

پتنوس

……………

ጓንቴራ ምስንካት

لوخي

……………

ኣቕሑ መግቢ

مګ

……………

ብርጭቆ

کاسه

……………

ጭሖሎ

د رانیولو اوزار

……………

ማንካቺና

څمڅې

……………

ማንካ መረቕ

کفګیر

……………

መገልበጢ ባደላ

پاکونکی

……………

መኾስተር ውርጪ

صافي

……………

መንፊት መግቢ

غلبیل

……………

መንፊት

ګریټر

……………

መፋሕፍሒ

اونګ

……………

ሞርታር

بار بي کیو

……………

ባርቢክዩ

خلاص اور

……………

ስፍራ ሓዊ

تخته

....

እንጨይቲ ምምታር

هوارونکی

....

እንጨይቲ ኰረር

کارک سکریو

....

መኽፈት ቡሽ

ټیم

....

ታኒካ

د ټیم خلاصونکی

....

መኽፈቲ ታኒካ

د لوخي ټوټه

....

ጨርቂ ድስቲ

ظرف شوی

....

ቡምባ

برس

....

ኣስባስላ

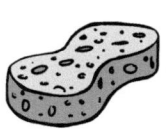

سپنج

....

ሰፍነግ

بلينډر

....

ሓዋሲ ኣደባላቒ

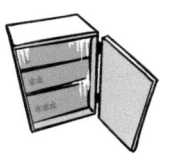

ژور یخچال

....

መዝሓሊ በረድ

د ماشوم بوتل

....

ጥርሙዝ ማማይ

نل

....

ቡምባ ማይ

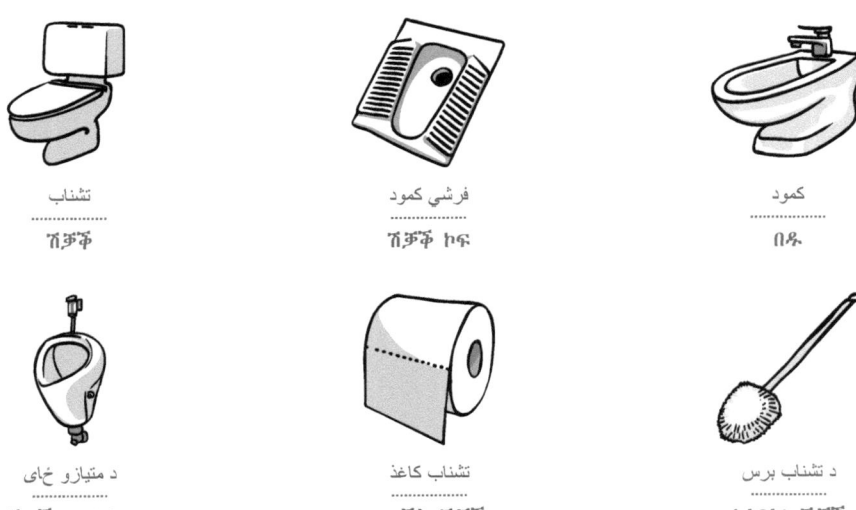

حمام

ክፍሊ ባንዮ

تودول
መውዓዪ
جان پاک
شاور
መሕጸቢ ሻወር
د شاور پرده
ሻወር መጋረጃ
መሕጸቢ ዓፍራ
د حمام ټب
کـلاس
ብኬሪ
د مینځلو مشین
نل
ቡምባ ማይ
ټایلونه
یو ډول کمود
ድስቲ
ظرف شوی
ቡምባ

تشناب

ሽቓቕ

فرشي کمود

ሽቓቕ ኮፍ

کمود

በዴ

د متیازو ځای

ሽቃቕ ተባዕታይ

تشناب کاغذ

ወረቐት ሽቓቕ

د تشناب برس

ኣስባስላ ሽቓቕ

د غاښونو برس

....

ኣስባስላ ስኒ

د غاښونو کريم

....

ክረማ ስኒ

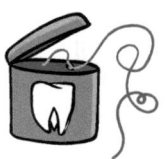

د غاښونو نخ

....

ሃሪ ስኒ

مينځل

....

ሓጸበ

لاسي شاور

....

ዱሽ ኢድ

دوش

....

ዱሽ

خانک

....

ብርጭቆ ምሕጻብ

د شا برس

....

ኣስባስላ ሕቖ

صابون

....

ሳምና

د شاور ژل

....

ሻወር ጀል

شامپو

....

ሻምፑ

فلانل جامه

....

ጨርቂ መሕጸቢ

وچول

....

መውሓዚ

کريم

....

ክረማ

سپری

....

ደዮ ጨና

آینه

መስትያት

لاسي آینه

ናይ ኢድ መስትያት

ریزر

መላጸ

د خریلو فوم

ዓፍራ ምልጻይ

د خریلو وروسته

ጨና ድሕሪ ምልጻይ

ګمنځ

መመሸጢ

برس

ኣስባስላ

د ویښتانو وچونکی

መንቐጺ ጸጉሪ

د ویښتانو سپری

ስፕረይ ጸጉሪ

میک اپ

መመላኽዒ

لیپ سټیک

ብርዒ ቀለም ከንፈር

د نوکانو پالش

ኣዝማልቶ

کاټن ورۍ

ጸምሪ ጡጥ

ناخن ګیر

መስደዲ ጽፍሪ

عطر

ጨና

د مېنځلو کڅوړه

....

ሳንጣ መሕጸቢ

ستول

....

ድኳ

د وزن کولو تله

....

ሚዛን

د حمام پوښاک

....

ክዳን መሕጸቢ

د ربړ دستکش

....

ጓንቲ መጸረዪ

ټامپون

....

ታምፖን

صحیی جان پاک

....

ጨርቂ ሰበይቲ

کیمیکل تشناب

....

ሽቓቕ ከሚስትሪ

د ماشوم خونه

ክፍሊ ቆልዑ

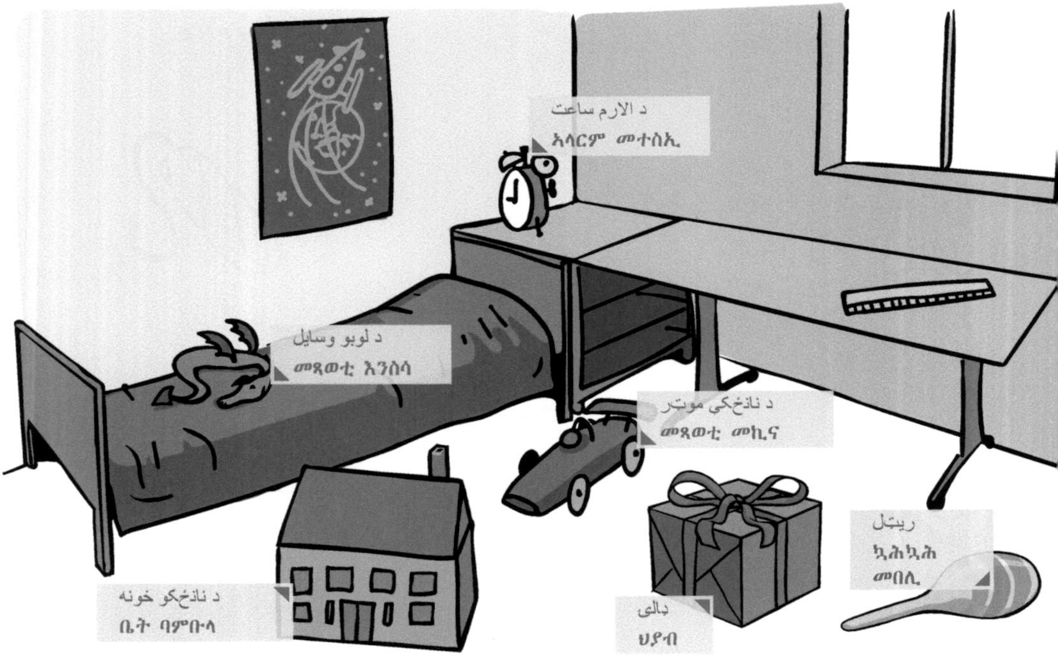

د الارم ساعت
ኣላርም መተስኢ
د لوبو وسایل
መጻወቲ እንስሳ
د ناځکي موټر
መጻወቲ መኪና
ريټل
ኳሕኳሕ መበሊ
د ناځکو خونه
ቤት ባምቡላ
دالۍ
ህያብ

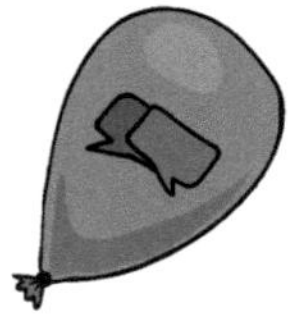

بالون

ባላንችና

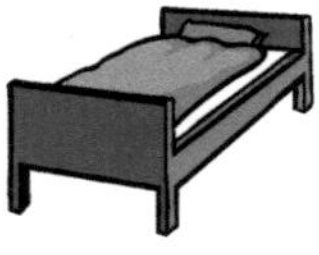

تخت

ዓራት

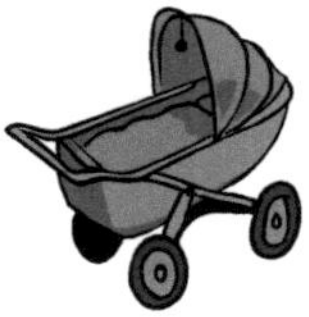

کالسکه

ሰረገላ ህጻን

د لوبو ورقې

ጸወታ ካርታ

جيکسا

ሕንቅሊተይ

SUPER
MEGA

مسخره

ኮሜዲ

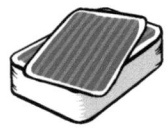

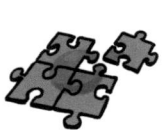

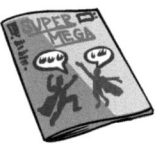

ليګو بريک

እምንታት መጻወቲ ለጎ

د نانځکو بلاک

መጻወቲ እምንታት

د اکشن فيګور

በዓል አክቸን

د ماشوم پوښاک

ክዳን ማማይ

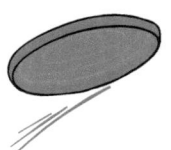

فريزبي

ፍሪስቢ

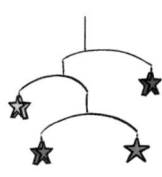

موبايل

ሞባይል ማማይ

بورډ لوبه

ጸወታ ሰሌዳ

تاس

ኩቦ

ماډل ريل سيټ

ሞደል ባቡር ምድሪ

ګونګشی

ዓባስ

پارټي

ፓርቲ

د عکسونو البوم

መጽሓፍ ስእሊ

بال

ኩዕሶ

نانځکه

ባምቡላ

لوبيدل

ተጻወተ

د شګو کنده

መጻወቲ ሑጻ

سوینګ

ሰላል

نانځکي

መጻወቲታት

د ویډیو لوبو کنسول

ኮንሶል ቪድዮ

ټرای سایکل

መጻወቲ ሰለስተ መንኮርኮር

ګوډکه

ተዲ

د کالو الماری

ከብሒ ክዳን

پوښاک

ክዳን

جرابي

ካልስታት

لوړي جرابي

ነዊሕ ካልስታት

ټایټس

ስረ ካልሲ

زروکی
ሻርፐ

کمربند
ቀበቶ

چتری
ጃንጥላ

تي شرت
ማልያ

بوتتان
ሰፌ0

سلیپر
ጫማ ገዛ

سنيكر
ስኒከርስ

سینډل
ሻበጥ

بوتتان
ጫማ

د ربر بوتتان
ረፌ0 ነማ

زیرنیکري
ሙታንታ

سینه بند
ክዳን ጡብ

واسکت
ትሕተ ካሚቻ

باډي

ቦዲ

پتلون

ስረ

جينز

ጂንስ

لمن

ቀምሽ

بلاوز

ካምቻ

شرټ

ካሚቻ

بنيان

ጉልፎ

سويټر

ጎልፎ

بليزر

ጃኬት

جاکټ

ጃከት

کوټ

ጁባ

د باران کوټ

ክዳን ዝናብ

پوښاک

ኮስቱም

کالي

ቀምሽ

د واده پوښاک

ቀምሽ መርዓ

دريشي

ልብሲ

د شپې پوښاک

ካሚቻ ለይቲ

پاجامه

ክዳን ለይቲ

ساري

ሳሪ

لوپټه

መሃረብ ርእሲ

پټکی

ቱርባን

برقه

ቡርካ

کفتن

ካፍታን

عبا

ኣባያ

د لامبو پوښاک

ክዳን መሕምበሲ

نیکر

ስረ መሕምበሲ

شارټ

ሓጺር ስረ

د ځغاستې پوښاک

ክዳን ታዕሊም

پیش بند

በጃ ክዳን

دستکش

ጓንቲ

بټن

መልጎም

عینک

መነጽር

لاس بند

በንናጅር

غاړه کی

ማዕተብ

گـوتمه

ቀለበት

غوږوالی

ኩትሻ

خولی

ቆብዕ

کوټ بند

መንበሪ ጁባ

خولی

ባርኔጣ

ټایی

ካርራቫት

ځنځیر

ሻርነጣ

هیلمیټ

ሀልመት

ترونکی

መድልደል ስረ

د ښوونځي یونیفارم

ድቢዛ ቤትትምህርቲ

یونیفارم

ድቢዛ

بیب
....
ሰደርያ ቆልዓ

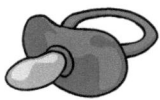

ګونګشی
....
ዓባስ

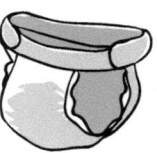

نیپي
....
ጨርቒ ማማይ

دفتر

ቤት ጽሕፈት

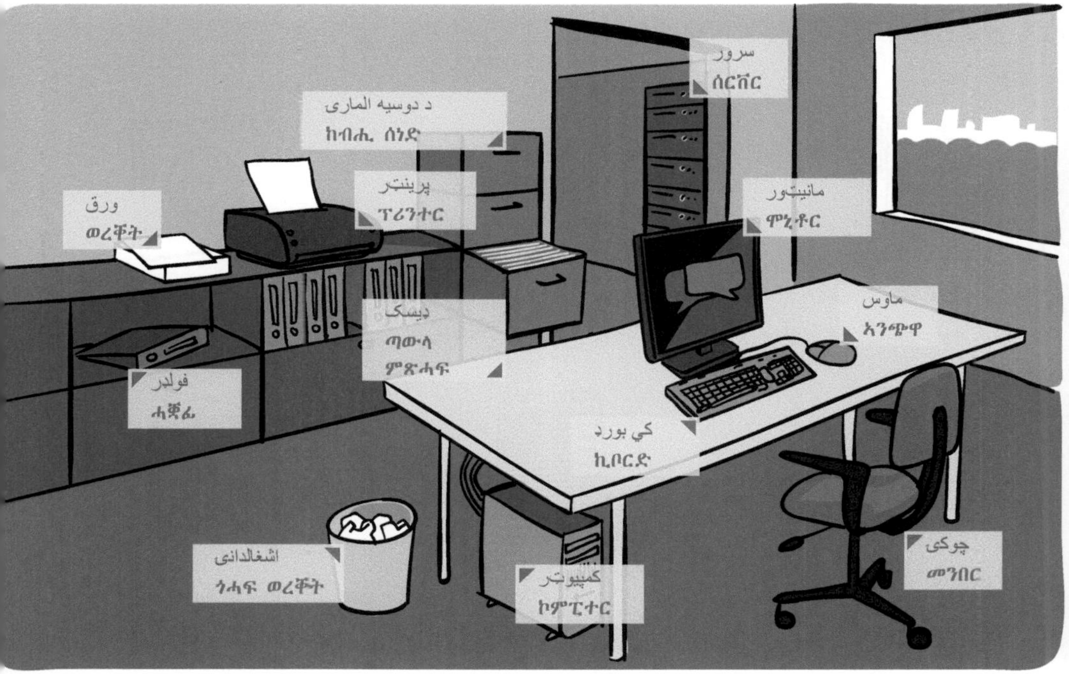

د کافي پیاله
....
ብርጭቆ ቡን

کالکولیټر
....
ካልኩለተር

انټرنیټ
....
ኢንተርነት

لپ ټاپ
....
ለፕቶፕ

لیک
....
ደብዳበ

پیغام
....
መልእኽቲ

موبایل
....
ሞባይል

نیټورک
....
ነትወርክ/መርበብ

فوټوکاپیر
....
መቅድሒ ፎቶኮፒ

سافټویر
....
ሶፍትዌር

تلیفون
....
ተለፎን

پلک ساکټ
....
ሶከት ኳረንቲ

فکس مشین
....
ፋክስ

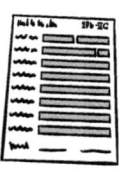

فارم
....
ፎርም

سند
....
ሰነድ

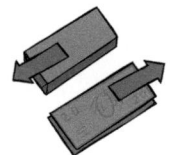

ቀጠባ

سوداګـري کول

ንግዲ

تاديه کول

ከፈለ

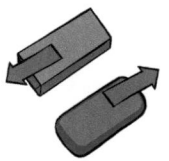

پيرل

ገዝአ

يورو

ኦይሮ

ډالر

ዶላር

پيسې

ገንዘብ

سويسي فرانک

ስዊዝ ፍራንከን

ربل

ሩበል

ين

የን

د نغدي پيسو ځای

መውጽኢ ማሺን ገንዘብ

روپۍ

ሩፒየ

رينمينبي يوان

ረንሚንቢ ዩዋን

د اسعارو د تبادلي دفتر

ቦታ ቅያር ገንዘብ

سره زر

ወርቂ

سپین زر

ብሩር

تیل

ዘይቲ

انرژي

ሓይሊ

نرخ

ዋጋ

قرارداد

ውዕል

ماليه

ቀረጽ

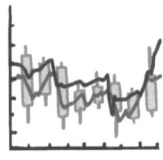

اسهام

እኩብ ጥረ-ነገራት

کار کول

ሰርሐ

کارمند

ሰራሕተኛ

کار ګومارونکی

ኣሰራሒ

فابریکه

ትካል

پلورنځی

ዱኳን

مسلکونه

ሞያታት

د پولیسو افسر
በዓል ፖሊስ
د اطفایه غړی
آشپز
ከሻኒ
ډاکټر
ሓኪም
መራሒ ነፋሪት

باغوان

ሰራሕተኛ ጀርዲን

نجار

ጸራቢ ዕንጸይቲ

خیاط

ሰፋይት

قاضي

ፈራዳይ

کیمیا پوه

ቀማሚ

د فلم لوبغاړی

ተዋሳኢ

د بس ډرايور

መራሒ ኣዉቶቡስ

د ټيکسي ډرايور

ኣውቲስታ ታክሲ

کب نيونکی

ገፋፊ ዓሳ

خدمه

ጸራጊት

بام جوړونکی

ሃናጻይ ናሕሲ

پېشخدمت

ኣሰላፊ

ښکاري

ሃዳናይ

نقاش

ሰኣላይ

نانوا

እንዳ ሕብስቲ

د برېښنا کارکونکی

ኤለትሪከኛ

تعمير جوړونکی

ሃናጺ ኣባይቲ

انجنير

ሃንዳሲ

قصاب

ሰራሕተኛ እንዳ ስጋ

نلدوان

ድራብሊኮ

پوست رسونکی

ኣማላላሲ ፖስጣ

سرتیری

ወተሃደር

مهندس

መሃንድስ

صراف

ተሓዝ ገንዘብ

مالیار

ሰራሕተኛ ዕምባባ

نایی

ቀምቃማይ

کلینډر

ፊተሪኖ

میکانیک

መካኒክ

کپتان

መራሒ መርከብ

د غاښونو ډاکټر

ሓኪም ስኒ

ساینس پوه

ተመራማሪ

ښاغلی

ራቢ

امام

ኢማም

مذهبي نفر

ፈላሲ

پادري

ቀሺ

لوازم

ናውቲ

پلاس
ጉጤት
پیچکش
ዘዋር መስኒ
رینچ
መፍትሕ
څراغ
ላምፓዲና

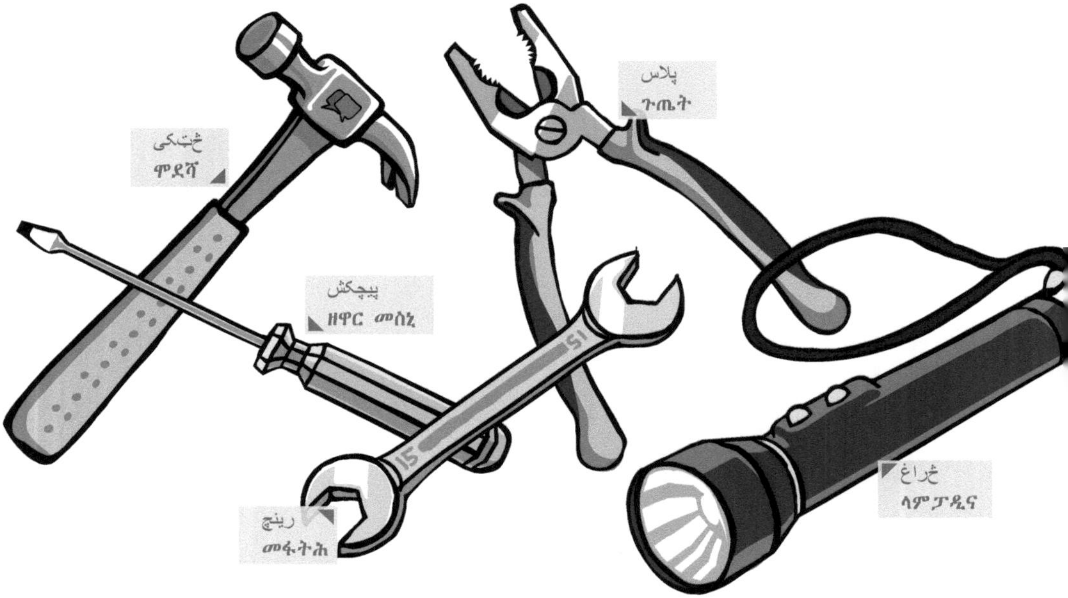

کنستونکی

ፈሓሪ

د لوازمو بکس

ናውቲ ቦክስ

زینه

መደያይቦ

اره

መጋዝ

میخونه

መስማር

برمه

ኩዓቲ

ترمیم کول

ምዕራይ

بیل

ባደላ

لعنت!

አይ!

خاک انداز

መትሓዚ ዶርና

مشوانی

ድስቲ ቀለም

پیچونه

ካቪቤተ

د میوزیک آلات

መሳርሒ ሙዚቃ

لاود سپیکر

እስፒከር

درم سیت

ከበሮታት ◄

کنترباس

ረጉድ ባዓይ
ጊታር

ترومپیت

ትሮምፔት

گیتار

ጊታር ◄

پیانو

ፒያኖ

وایلن

ቪዮሊን

باس

ባስ ጊታር

نغاره

ቲምንኢ

ډرمونه

ከቦሮ

کي بورډ

ኦርጋን

سیکسافون

ሳክሶፎን

شپیلۍ

ሻምብቆ

مایکروفون

ሚክሮፎን

پلانگ
ነብር

پنجره
ገበያ

كوره‌خر
አድጊ በረኸ

د ژويو خواره
መግቢ እንስሳ

پاندا
ፓንዳ

سُتونوتو لاره
መእተዊ

ژوی
እንስሳታት

هاتي
ሐርማዝ

کنگرو
ካንጋሩ

د اوبو اسپ
ሕሪኽ

گوریلا
ጉሪላ

ايږه
ድቢ

اوښ

ገመል

شترمرغ

ሰገን

زمری

ኣንበሳ

بیزو

ህበይ

غزی

ፍላሚንጎ

طوطي

ሕንጻይ

قطبي ایږه

ድቢ በረድ

پینګوین

ፐንጉን

شارک

ከልቢ ዓሳ

طاوس

ጣውስ

مار

ተመን

تمساح

ሓርገጽ

ژوبڼ ساتونکی

ሓላዊ ቤት ገርድሽ

سیل

ዓሳ ዚምገብ እንስሳ ባሕሪ

جګوار

ጃጓር

یابو

....

ሓጺር ፈረስ

پڕانگ

....

ነብሪ

هیپو

....

ጉማረ

زرافه

....

ጂራፍ

باز

....

ሊባ

نرخوک

....

መፍለስ

کب

....

ዓሳ

شمشتی

....

ጎብየ

سمندري نولی

....

ዋልሩስ

ګیدړه

....

ወኻርያ

هوسۍ

....

ሰስሓ

ورزش

ስፖርት

امریکایی فټبال
ናይ ኣሜሪካ ኩዕሶ እግሪ
سایکل ځغلول
ምዝዋር ብሽግለታ
ተኒስ
باسکیټبال
ባስከትባል
لامبو
ምሕምባስ
باکسینګ
ቦክሲንግ
د کنګل هاکي
ሆኪ በረድ

فټبال

ኩዕሶ እግሪ

کسیزه

ባድሚንቶን

د ځغاستي لوبي

እስፖርታዊ ንጥፈታት

د هندبال

ኩዕሶ ኢድ

سکي

ስኪ

پولو

ፖሎ

ټوپ وهل
ነጠረ
غاړه ورکول
ሓቖፈ
خندل
ሰሓቐ
ከደ
ደረፈ
خوب لیدل
ሓለመ
عبادت کول
ጸለየ
مچو کول
ሰዓመ

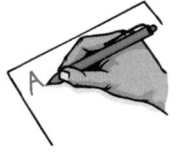

لیکل

ጸሓፈ

کښل

ሰኣለ

ښودل

ኣርኣየ

ټېله کول

ደፍአ

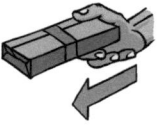

ورکول

ሃበ

اخیستل

ወሰደ

درلودل

ኣለወ

کول

ገበረ

پاییدل

ኮነ

ودریدل

ጠጠው በለ

منډې وهل

ጎየየ

راکښل

ሰሓበ

ګوزارل

ሰንደወ

لویدل

ወደቐ

ځملاستل

ሓሰወ

انتظار کول

ተጸበየ

وړل

ሰከም

کښیناستل

ኮፍ በለ

پوښاک اغوستل

ተኸድነ

ویده کیدل

ደቀሰ

پاڅیدل

ተስአ

کتل

ረአየ

ژړل

በኸየ

برید کول

ብኣጻብዑ ደረዘ

ګمنځ کول

መሸጠ

خبري کول

ተዛረበ

پوهیدل

ተረድአ

غوښتل

ሓተተ

اوریدل

ሰምዐ

څښل

ሰተየ

خوړل

በልዐ

پاکول

ኣቐመጠ

مینه کول

ኣፍቀረ

پخلی کول

ከሸነ

موټر چلول

ዘወረ

الوتل

ነፈረ

بیړۍ چلول

....

ብመርከብ ገየሸ

حساب

....

ደመረ

لوستل

....

ኣንበበ

زده کول

....

ተመሃረ

کار کول

....

ሰርሐ

واده کول

....

መርዓወ

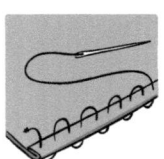

ګنډل

....

ሰፈየ

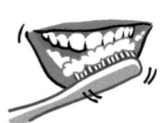

د غاښونو برس کول

....

ጽሬት ኣስናን

وژل

....

ቀተለ

سګرټ څښل

....

ሽጋራ ተከኸ

لیږل

....

ሰደደ

ስድራቤት

نیا
نیکه
ኣቦሓጎ
ኣቦ
مور
ኣደ
ماشوم
ማማይ
لور
ጓል
زوی
ወዲ

میلمه
....
ጋሻ

ترور
....
ሓትኖ

کاکا/ماما
....
ኣኮ

ورور
....
ሓው

خور
....
ሓፍቲ

ኣካላት

تندی
ግንባር
ዓይኒ
مخ
ገጽ
زنه
መንከስ
ኣጻብዕ
لاس
ኢድ
سینه
ኣፍ-ልቢ
ምናት
መንኩብ
پښه
ሽፋን እግሪ

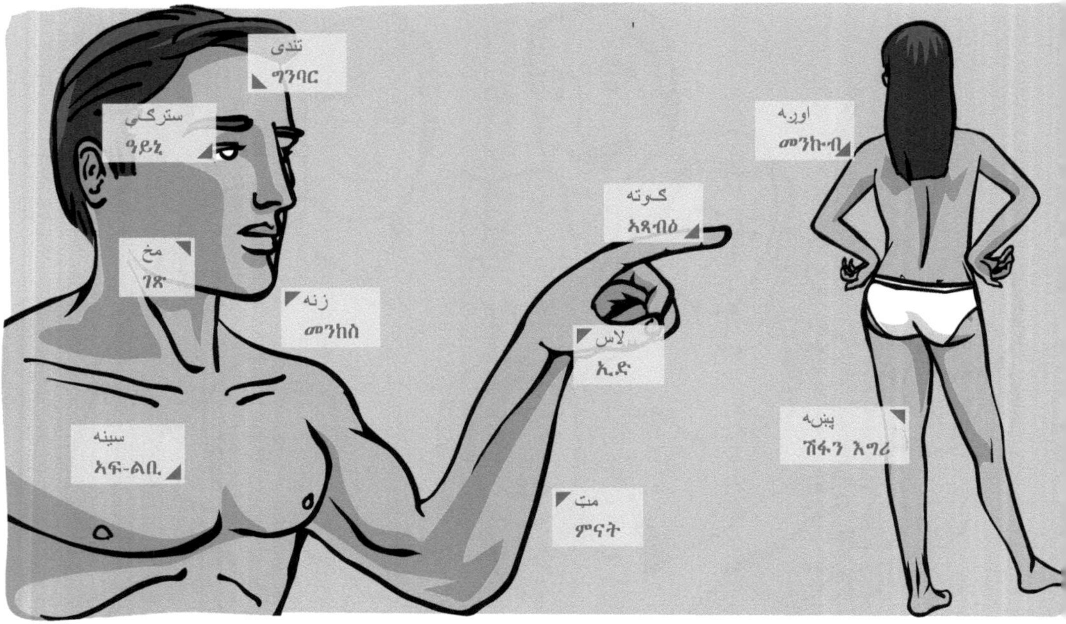

ماشوم
....
ማማይ

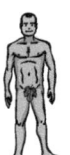

سړی
....
ሰብኣይ

ښځه
....
ሰበይቲ

انجلۍ
....
ጓል

هلک
....
ወዲ

سر
....
ርእሲ

شا

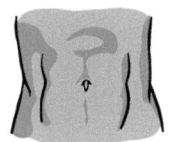

ሕቖ

خیټه

ከስዐ

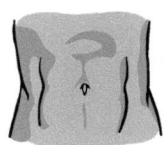

نوم

ሕምብርቲ

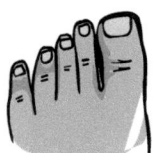

د پښې ګوته

ኣጻብዕ እግሪ

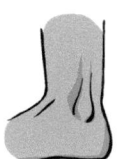

پونده

ኩርኹሪ

هډوکی

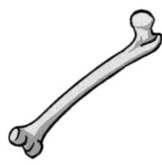

ዓጽሚ

کوناټی

ምሕኵልቲ

زنګون

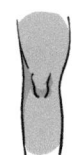

ብርኪ

څنګل

ፎግፎ

پوزه

ኣፍንጫ

لاندې برخه

መዓኮር

پوټکی

ቆርበት

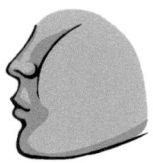

ګومبوری

ምዕጉርቲ

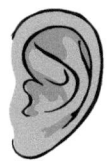

غوږ

እዝኒ

شونډه

ከንፈር

خوله

አፍ

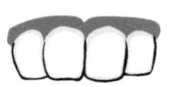

غاښ

ስኒ

ژبه

መልሓስ

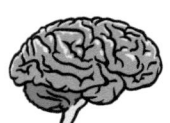

مغز

ሓንጎል

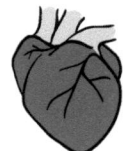

زړه

ልቢ

عضله

ጭዋዳ

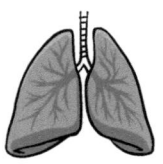

سږی

ሳንቡእ

ځیګر

ጸላም ከብዲ

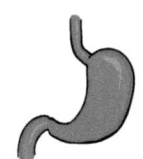

معده

ከብዲ

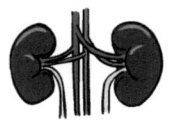

پښتورګي

ኩሊት

جنسي نږدې والی

ግብረ ስጋ

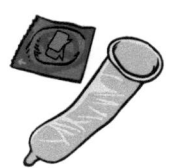

کانډوم

ኮንዶም

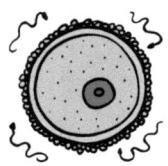

تخمه

እንቋቑሖ

مني

ዘርኢ ተባዕታይ

حمل

ጥንሲ

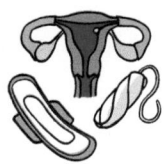

حیض

ጽግያት

مهبل

ርሕሚ

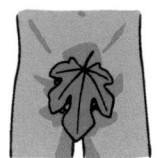

د نارینه تناسلي آله

መትሎ

وروځی

ሸፋሽፍቲ

ویښته

ጸጉሪ

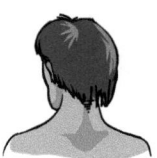

غاړه

ክሳድ

روغتون
ሆስፒታል

امبولانس
መኪና ኣምቡላንስ
ویل چیر
መንበር ዓረብያ
کسر
ስባር

داکتر

ሓኪም

عاجل خونه

ክፍሊ ህጹጽ ረድኤት

رنځورپال

ኣላይት

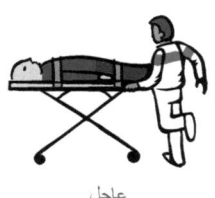

عاجل

ህጹጽ ኩነት

بي هوش

ውነኡ ዘጥፍአ

درد

ቃንዛ

ټپ

ጉድኣት

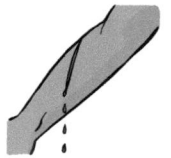

وینه توېدل

ደም

د زړه حمله

ማህረምቲ

ضرب

ማህረምቲ

حساسیت

ኣለርጂ

ټوخی

ሰዓል

تبه

ረስኒ

انفلوینزا

ኢንፍልወንዛ

نس ناستی

ውጽኣት

سر درد

ቃንዛ ርእሲ

سرطان

መንሽሮ

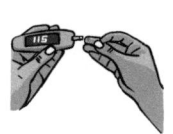

شکر

ሹኮርያ

جراح

ሓኪም መጥባሕቲ

سکالپل

መጥብሒ

عملیات

መጥባሕቲ

سي.ټي

CT

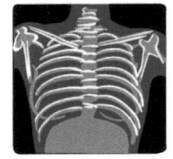

ایکس رې

ራጂ

الټراساونډ

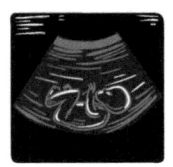

ልዕለ ድምጻዊ

د مخ ماسک

መሸፈኒ ገጽ

ناروغي

ሕማም

انتظار خونه

ክፍሊ ምጽባይ

امسآ

ምርኩስ

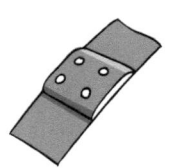

پلستر

መጀነኒ ቘስሊ

بنداژ

መጀነኒ

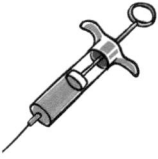

تزریق

መርፍዕ ምውጋእ

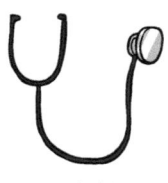

ستاتسکوپ

ስተቶስኮፕ

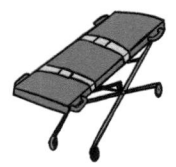

تسکیره

መሰከሚ ሕማም

کلینکي ترمامیټر

ቴርሞመተር

زیږون

ትውልዲ

زیات وزن

ልዕለ-ሚዛን

د اوریدو مرسته

ሓገዝ ምስማዕ

د عفونیت څخه پاکونکي مواد

ኣንጻሂ

عفونیت

ልበዳ

ویروس

ቫይረስ

ایچ.آی.وي/ایدز

ኤድስ

درمل

ሕክምና

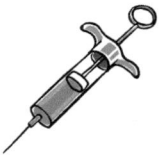

واکسین

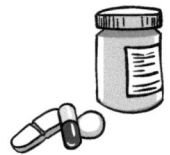

ክታበ

ټابلیټس

ከኒና

ګولۍ

ከኒና

عاجل تلیفون

ህጹጽ ምድዋል

د وینې د فشار څارونکی

መዕቀኒ ጸቕጢ ደም

ناروغ/روغ

ሕሙም / ጥዑይ

عاجل

ህጹጽ ኩነት

مرسته!

ሓገዝ

الارم

ኣላርም

یرغل

ምህጃም

برید

መጥቃዕቲ

خطر

ድንገት

عاجل لاره

ህጹጽ መውጽኢ

اور!

ሓዊ!

د اور وژونکی

መጥፍኢ ሓዊ

پېښه

ሓደጋ

د لومړی مرستي لوازم

ሳንጣ ቀዳማይ ረድኤት

ایس.او.ایس

SOS

پولیس

ፖሊስ

اروپا
....
ኤውሮጳ

شمالي امریکا
....
ሰሜን ኣመሪካ

سهیلي امریکا
....
ደቡብ ኣመሪካ

افریقا
....
ኣፍሪቃ

آسیا
....
ኤስያ

آسټریلیا
....
ኣውስትራልያ

اتلانتیک
....
ኣትላንቲክ

پاسیفیک
....
ፓሲፊክ

د هند بحر
....
ህንዳዊ ውቕያኖስ

جنوبي منجمد بحر
....
ኣንታርቲካዊ ውቕያኖስ

د شمال قطب بحر
....
ኣርክቲካዊ ውቕያኖስ

شمالي قطب
....
ሰሜናዊ ዋልታ

سهیلي قطب

ደቡባዊ ዋልታ

انټارکټیکا

ኣንታርቲካ

ځمکه

ምድሪ

ځمکه

መሬት

بحر

ባሕሪ

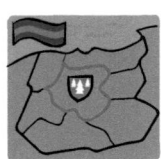

ټاپو

ደሴት

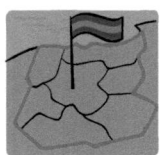

ملت

ሃገር

دولت

ዓዲ

ساعت

ሰዓት

د مخي ساعت

....

ገጽ ሰዓት

د ساعت ستنه

....

ኣመልካቲ ሰዓታት

د دقيقي ستنه

....

ኣመልካቲ ደቓይቕ

د ثانيې ستنه

....

ኣመልካቲ ካልኢት

څه وخت دی؟

....

ሰዓት ክንደይ ኣሎ?

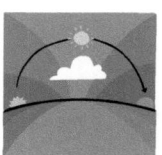

ورځ

....

መዓልቲ

وخت

....

ግዜ

اوس

....

ሕጂ

ډيجيټل ساعت

....

ዲጂታል ሰዓት

دقيقه

....

ደቒቕ

ساعت

....

ሰዓት

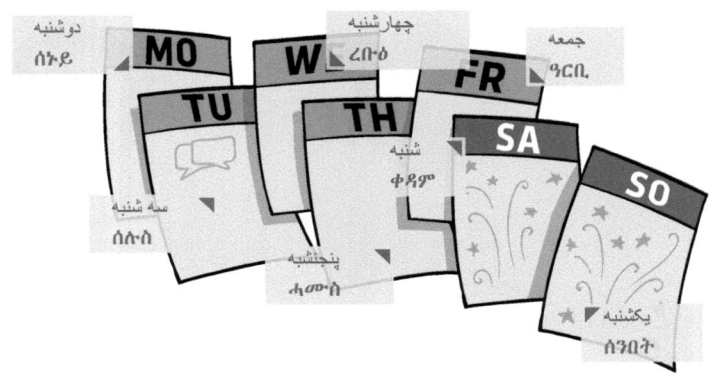

دوشنبه
ሰኑይ

چهارشنبه
ፈቡዕ

جمعه
ዓርቢ

شنبه
ቀዳም

سه شنبه
ሰሉስ

پنجشنبه
ሐሙስ

یکشنبه
ሰንበት

پرون
....
ትማሊ

نن
....
ሎሚ

سبا
....
ጽባሕ

سهار
....
ንጎሆ

غرمه
....
ቀትሪ

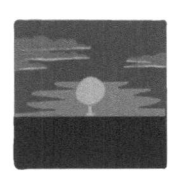

ماښام
....
ምሸት

MO	TU	WE	TH	FR	SA	SU
1	2	3	4	5	6	7
8	9	10	11	12	13	14
15	16	17	18	19	20	21
22	23	24	25	26	27	28
29	30	31	1	2	3	4

كاري ورځي
....
መዓልታት ስራሕ

MO	TU	WE	TH	FR	SA	SU
1	2	3	4	5	6	7
8	9	10	11	12	13	14
15	16	17	18	19	20	21
22	23	24	25	26	27	28
29	30	31	1	2	3	4

د اونۍ پای
....
መወዳእታ ሰሙን

باران
ዝናብ
رنګین کمان
ቀስተ-ደመና
باد
ንፋስ
واوره
በረድ
پسرلی
منی
ቀውዒ
ሓጋይ
ژمی
ክረምቲ

4.APRIL 11°
5.APRIL 4°
6.APRIL 13°
7.APRIL 8°
8.APRIL 10°

د موسم وړاندوینه
....
ትንቢት ኩነታት ኣየር

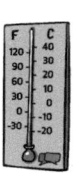

ترمومیټر
....
ቴርሞመተር

د لمر وړانګې
....
ብርሃን ጸሓይ

وریځ
....
ደበና

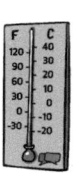

لړه
....
ግመ

رطوبت
....
ጠሊ

رڼا
....
ብርቂ

تندر
....
ነጐዳ

توفان
....
ህቦብላ

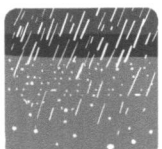

ږلی وریدل
....
በረድ

مون سون باران
....
ብርቱዕ ህቦብላ

سیلاب
....
ውሕጅ

یخ
....
በረድ

جنوري
....
ጥሪ

فبروري
....
ለካቲት

مارچ
....
መጋቢት

اپریل
....
ሚያዝያ

مې
....
ጉንበት

جون
....
ሰነ

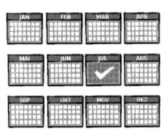

جولای
....
ሓምለ

اګست
....
ነሓሰ

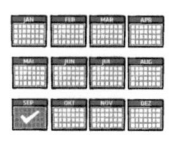

سپتمبر

መስከረም

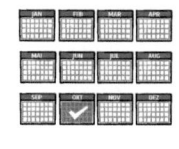

اکتوبر

ጥቅምቲ

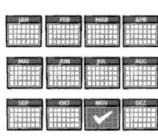

نومبر

ሕዳር

دسمبر

ታሕሳስ

شکلونه

ቅርጽታት

دایره

ዙርያ

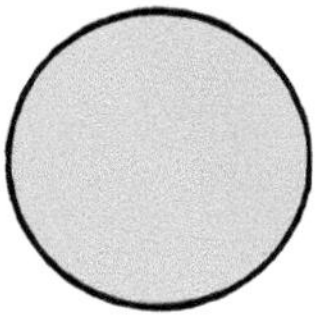

مربع

ትርብዒት

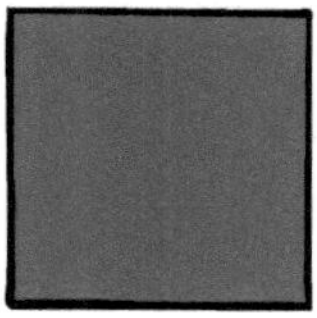

مستطیل

ቅኑዕ ርቡዕ ኩርናዕ

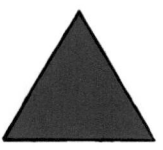

مثلث

ስሉስ ኩርናዕ

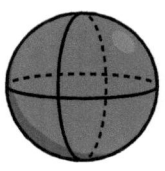

توپ

ክቢ

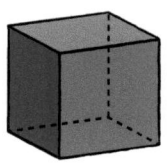

فال

ኩቦ

رنگونه

ሕብርታት

سپین

ጻዕዳ

ژیر

ብጫ

نارنجي

ኣራንሺ

گلابي

ፒንክ

سور

ቀይሕ

ارغواني

ጁኸ

نيلي

ሰማያዊ

شين

ቀጠልያ

نسواري

ቡናዊ

خر

ሓሙኽሽታይ

تور

ጸሊም

خورا ډیر/خورا لږ

....

ብዙሕ / ውሑድ

قار/ارام

....

ሕሩቕ / ሰላማዊ

ښکلی/بدشکله

....

ጽቡቕ / ክፉእ

پیل/پای

....

መጀመርያ / መወዳእታ

لوی/کوچنی

....

ዓቢ / ንእሽቶ

روښانه/تیاره

....

ብሩህ / ጸልማት

ورور/خور

....

ሓው / ሓፍት

پاک/ککړ

....

ጽሩይ / ርሳሕ

مکمل/نامکمل

....

ምሉእ / ዘይምሉእ

ورځ/شپه

....

መዓልቲ / ለይቲ

مړ/ژوندی

....

ሙዉት / ህልው

پراخه/نری

....

ሰፊሕ / ጸቢብ

د خوراک وړ/نه خوړل کیدونکی

ደስ ዘበል / ደስ ዘይብል

بد/مهربان

እኩይ / ህያዋይ

پاریدلی/بې خونده

ርቡጽ / ስልኩይ

چاق/وچ

ረጊድ / ቀጢን

لومړی/وروستی

ቀዳማይ / ናይ መወዳእታ

ملګری/دښمن

ዓርኪ / ጸላኢ

ډک/تش

ምሉእ / ባዶ

سخت/نرم

ተሪር / ልስሉስ

دروند/سپک

ከቢድ / ፈኲስ

لوږه/تنده

ጥምየት / ጽምየት

ناروغ/روغ

ሕሙም / ጥዑይ

غیرقانوني/قانوني

ዘይሕጋዊ / ሕጋዊ

هوښیار/ساده

መስተውዓሊ / ስዲ

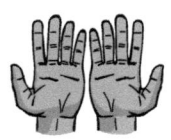

کیڼ/ښي

ጸጋም / የማን

نږدې/لرې

ቐረባ / ርሑቕ

نوی/زوړ

....

ሓዲሽ / ብሉይ

هیڅ/یوځه

....

ዋላ ሓደ / ገለ

بډا/ځوان

....

ዓቢ/ኣረጊት / መንእሰይ

چالان/بند

....

ወልዕ / ኣጥፍእ

خلاصه/تړلی

....

ክፉት / ዕጹው

غلی/لوړ غږ

....

ህዱእ / ዓው

بډایه/غریب

....

ሃብታም / ድኻ

صحید/غلط

....

ቅኑዕ / ግጉይ

زیږ/ملایم

....

ሓርፋፍ / ልሙጽ

خفه/خوښ

....

ጉሁይ / ሕጉስ

لنډ/اوږد

....

ሓጺር / ነዊሕ

سست/ګړندی

....

ቀስ / ቅልጡፍ

لوند/وچ

....

ጥሉል / ንቑጽ

ګرم/یخ

....

ምዉቕ / ዝሑል

جګړه/سوله

....

ውግእ / ሰላም

87

شمیرې
ቁጽርታት

0	1	2
صفر	یو	دوه
ዜሮ	ሓደ	ክልተ
3	4	5
درې	څلور	پنځه
ሰለስተ	ኣርባዕተ	ሓሙሽተ
6	7	8
شپږ	اوه	اته
ሽዱሽተ	ሸውዓተ	ሸሞንተ
9	10	11
نهه	لس	یولس
ትሽዓተ	ዓሰርተ	ዓሰርተ ሓደ

12

دولس

ዓሰርተ ክልተ

13

دیارلس

ዓሰርተ ሰለስተ

14

څوارلس

ዓሰርተ ኣርባዕተ

15

پنځلس

ዓሰርተ ሓሙሽተ

16

شپاړس

ዓሰርተ ሽዱሽተ

17

اوولس

ዓሰርተ ሸውዓተ

18

اتلس

ዓሰርተ ሸሞንተ

19

نولس

ዓሰርተ ትሽዓተ

20

شل

ዕስራ

100

سل

ሚእቲ

1.000

زر

ሽሕ

1.000.000

میلیون

ሚልዮን

ቋንቋታት

انکلسي

 እንግሊዝኛ

امریکایی انکلسي

ኣመሪካዊ እንግሊዛዊ

چینایی مندرین

ቻይናዊ ማንዳሪን

هندي

ሂንዳዊ

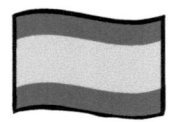

هسپانوي

እስጳኛዊ

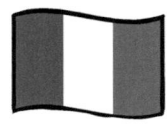

فرانسوي

ፈረንሳዊ

عربي

ዓረባዊ

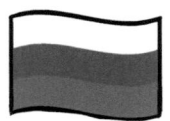

روسي

ሩሲያዊ

پرتکالي

ፖርቱጋላዊ

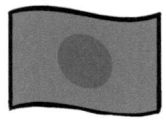

بنکالي

በንጋሊ

آلماني

ጀርመናዊ

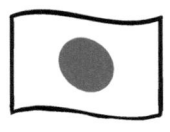

جاپاني

ጃፓናዊ

څوک/څه/څنګه

መን / እንታይ / ከመይ

زه

ኣነ

ته

ንስኻ/ኺ

هغه/دغه/دا

ንሱ / ንሳ / ንሱ

موږ

ንሕና

تاسي

ንስኻ

دوي/هغوی

ንሳቶም

څوک؟

መን?

څه؟

እንታይ?

څنګه؟

ከመይ?

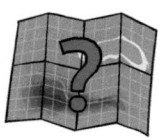

چیرې؟

ኣበይ?

کله؟

መዓስ?

نوم

ሽም

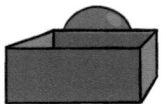

چیرې
ኣበይ

شاته

ድሕሪ

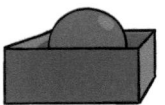

په

ኣብ

په مخه کې

ኣብ ቅድሚ

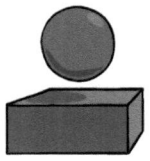

باندې

ኣብ ላዕሊ

په

ኣብ ልዕሊ

لاندې

ትሕቲ ምድሪ

برسیره پر

ኣብ ጥቓ

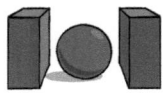

ترمینځ

ኣብ መንጎ

ځای

ቦታ